양경모 시집

빛의 소리가 되어

마을

빛나는 시정신을 꼼꼼하게 엮어내는 — 마음

- 2013 『문학시대』로 등단
- 한국문인협회. 문학의 집·서울, 강원여성문학인회, 관동문학회, 강릉여성문학인회, 명주문학인회 회원
- 제9회 백교문학상 우수상
- 시집: 『열꽃의 홀씨가 되어』
  『빛의 소리가 되어』
- e-mail: ky9535m@daum.net

빛의 소리가 되어

양경모 시집

1판 1쇄 인쇄/ 2018년 8월 1일
1판 1쇄 발행/ 2018년 8월 2일

지은이 / 양경모
펴낸곳 / 도서출판 마음

등록‖1993년 5월 15일 제3001-1993-151호
주소 03073 서울 종로구 성균관5길 39-16
전화‖(02) 765-5663, 010-4265-5663

값 12,000 원

*잘못된 책은 바꿔 드립니다.

ISBN 978-89-8387-309-5 03810

*이 책은 강원도·강원문화재단의 후원으로 발간되었습니다.

푸른 시와 시인

빛의 소리가 되어

양경모 시집

마음

시인의 말

한여름 벽을 기어오르는 담쟁이들이
내 눈을 푸르게 하고 있다
빛으로 오는 푸른 저 손들의 궁서체
늦은 새벽까지 생각의 끝자락에
소금 꽃을 하얗게 피워 올렸을 것만 같아
가슴이 먹먹하다
사랑이라는 말을 적어 놓고 싶다
그런데 그 사랑의 크기를 형용할 수가 없어
그저 사랑한다는 말밖에 할 수가 없다
도저히 그 말밖에 할 수 없으면서도
다시 묶은 제2시집
푸른빛으로 다가오는 저 손들의 궁서체를 보며
내 시는 아직 짙은 해미 속이다.

2018년 한여름 정수리에서

양경모

· 시인의 말

1.

풍경소리 ― · 13
그의 시 그리고 내 시 ― · 14
가야금소리 ― · 15
소금강 벚꽃 ― · 16
요양원에서 ― · 17
파란색의 깊이 ― · 18
우리들의 이야기 ― · 19
경포호수에 고여 있는 난설헌의 눈물 · 1 ― · 20
경포호수에 고여 있는 난설헌의 눈물 · 2 ― · 21
어머니 말씀을 장독에 담았다 ― · 22
저녁바다가 온통 맨드라미 꽃밭이다 ― · 23
그날의 기억 ― · 24
온 세상 봄이 주저앉았다 ― · 26
통 소 ― · 27
겨울나무 ― · 28
파안대소(破顔大笑) ― · 29
재봉틀 앞에서 ― · 30
달의 부화 ― · 31

2.

진달래 ― · 35
그래서 나는 여자가 되었습니다 ― · 36
그래서 나는 남자가 되었습니다 ― · 37
불립문자 ― · 38
겨울 삽화 한 장 ― · 39
바다는 도라지꽃밭 ― · 40
창문의 속내 ― · 41
김기창 화백의 군작(群雀) 앞에서 ― · 42
생강나무 ― · 43
지기지우 ― · 44
아버지의 바다 ― · 45
사진을 찍으러 간다 ― · 46
분홍향 시간들 ― · 47
적멸보궁에서 ― · 48
만고절창(萬古絕唱) ― · 49
대관령 옛길을 오르며 ― · 50
아버지의 주머니 ― · 51
대추나무 시집보내고 온 날 ― · 52

3.

사랑은 ― · 55
개구리 ― · 56
그리움의 무게는 얼마일까 ― · 57
낙엽의 길 ― · 58
물감장수 ― · 60
초승달이 대숲에다 닻을 내려놓았다 ― · 61
햇살이 수를 놓고 있다 ― · 62
봄아 오너라 ― · 63
사랑의 오감 ― · 64
어디 아프냐고 ― · 66
달 ― · 67
오죽헌 어제각 앞에서 ― · 68
연둣빛 바이올린소리 ― · 69
초록 물들이기 ― · 70
가을은 ― · 71
씨 앗 ― · 72
새벽에 ― · 74

4.

거문고소리 ― · 77
소금의자 ― · 78
반달떡 ― · 79
향기에 물을 들이다 ― · 80
아버지 ― · 81
가을, 허난설헌 생가 터에서 ― · 82
적멸, 네 앞에 서려면 ― · 84
목련 붓 ― · 85
아름다운 세상 ― · 86
홍시의 빈 젖 ― · 87
낙 과 ― · 88
꽃으로 말을 한다 ― · 89
물푸레나무 이야기 ― · 90
달게 익어간다 ― · 91
잠 못 이루는 밤 ― · 92
그 릇 ― · 93
수목장 ― · 94

1.

풍경소리

봄 햇살이 돌아앉은
처마 끝자락 풍경소리가
바람에 안겨
얼굴을 묻고 있다
녹슬지 않는 그리움의 무게를
수만 근 달고 있다가
바람이 흔들릴 때마다
분수처럼 하얗게
떨어지는 울음소리
그 누구에게도
펼쳐 보일 수 없는 가슴앓이를
저 풍경소리가 내 대신
종일 울어주고 있다.

그의 시 그리고 내 시

시집 한 권이 배달되었다
한 페이지를 넘기는 순간
불경소리가 일제히 날아올랐다
새벽이면 공양을 하듯
공손히 빚어 올린 시어들마다
짙은 향 내음으로 가득 했다
되새김질 할수록
감로수 맛이 나는 그의 시를 받아들고
찬찬히 읊어내는 독경소리가
눈으로 자욱하게 내리는 늦여름 끝자락
아무리 뒤적여 보아도 내 시는
요사채 뒤뜰 흙벽에 걸려있는
시래기처럼 말라있다
바스러지는 시 한 줌을 풀어다가
핼쓱한 채마밭에 던졌더니
밤이 새도록
풀벌레들만이 요란스럽게 읽고 있었다.

가야금소리

만약 네가 겨울이 된다면
난 네게 음악이 되리라
연보라색 소리 와르르 쏟아지는
오동나무 속살을 헤집고 나온
가야금소리가 되리라
망치소리 하나 없이 별을 박는
하늘을 배경으로
너 내게 깊은 가슴 하나 꺼내 준다면
난 너에게 열두 줄 가슴을 꺼내는
가야금소리가 되리라.

소금강 벚꽃

내게 남은 시간이 침몰할지라도
사월의 네게로 가기로 했다
서둘렀다
꽃 진 나이 육 할을 툭 잘라
스무 살로 돌아가기로 했다
향기가 연분홍으로 두근거렸다
시골 오일 장터
강냉이 뻥 튀기는 소리로 산벚꽃이 피었다
뜨거운 첫사랑이었다.

요양원에서

버스종점에서 마른 뼈만 남은 갈대소리가 수런거렸다

목련은 서둘러 가지런히 개켜 두었던
명주수의를 꺼내 놓았다

흰옷을 갈아입은 어둠이 막차에 탑승했다

잠시 왔다 가는 길에
서설을 씻어 앉힌 매화꽃이 피었다

어머니는 마지막 종점에서 뒤를 돌아보며
막차를 기다리고 있다

나는 다비에 든 가을 산을 업고 울었다.

파란색의 깊이

깊은 것은 왜 파랄까
산도 바다도 하늘도

사랑도 깊어지면 파란색깔일까

내가 깊은 색깔로 물들지 못하는 이유는
생각이 깊지 못하기 때문일까.

우리들의 이야기

달이 놀러 와서
목 쉰 늦가을 저녁의 내력을 털어 놓았어요
나는 달에게
갓 구운 바삭바삭한 이야기를 꺼내주며
시골 앞마당 분꽃냄새 나는
웃음을 한단 묶어 주었어요
그랬더니 달은 나에게
사과보다도 더 잘 익은 가을을
두 개씩이나 주었어요
덤으로 후한 말씨도 얹어주며
꽃보다 더 향기로운
노란 마음 한 덩이를
동그랗게 빚어주었어요
늦가을 우리들의 이야기가
단풍잎으로 물이 들었어요.

경포호수에 고여 있는 난설헌의 눈물 · 1

목백합나무에 피어 있는 바람소리가
난설헌의 시를 읊는다
나는 잠시 시에 젖어 눈을 감았다
까마득한 시간 속으로 떠난 경포호수에는
달빛이 가득 고여 있었다
그 달빛으로 비단옷을 헹구던 난설헌은
오월 속에 떨어진 잎새처럼
푸른 나이를 훌훌 벗어놓고
곡자(哭子)의 무덤 속으로 떠났다
무덤에는 만삭의 임부가 누워 있었다.

경포호수에 고여 있는 난설헌의 눈물 · 2

내외 담을 지나 난설헌이 떠난 안채 뒤란에서
고개를 숙인 염지봉선화는
붉은 울음을 겹으로 터트리고 있었다
빗장을 풀지 않던 바위의 눈가에도
만장 펄럭이는 소리가 내렸다
솟을대문 턱을 넘은 시간 밖의 경포호수에
난설헌의 눈물이 고여 있다
달빛은 상처의 눈물 위로 연꽃을 놓고 간다.

어머니 말씀을 장독에 담았다

반백이 되어도 덜 여문 나이를
어디에다 세워 놓아야할까

볼품없는 몸매에 감칠맛은 없지만
고향집 뒤란 품 넓은 하늘을 담은
장독으로 서 있어야지
허리 굽은 가을이 오면
파란 하늘을 한 주발 퍼다가
막새바람에 버무려 조물조물 무쳐
맛깔스럽게 내어놓아야지
가시 돋친 찔레꽃향이 아파도
넉넉한 속을 퍼주는 장독으로 서 있어야지

정월 말날 장을 담그며
나는 어머니 말씀에
소금을 켜켜이 재워 장독에 담았다.

저녁바다가 온통 맨드라미 꽃밭이다
- 친구를 그리며

너를 생각만 하여도
자꾸만 눈물이 난다
아마도 내 안에는 바다가 있나 보다
침묵이 고여 있는 물빛 속에
가까이 다가와 앉은 내 바다 안에는
너의 이름을 부르기만 하여도
붉은 울음을 터트리는 노을이
마냥 그리움을 수혈하고 있다
저녁바다가 온통 맨드라미 꽃밭이다.

그날의 기억

할머니는 그날에도
바늘땀 소리로 창문을 열었을 것이다
봄으로 옷을 깁는 나무을 보았을 것이다
마른 기침소리를 내는 저녁에
나무는 굽은 길로 걸어가는
할머니를 보았을 것이다
한동안 강가에 앉아
눈에 밟히는 바람을 털어내지 못하고
동백꽃으로 떨어지는
울음을 보았을 것이다
나무도 따라 울었을 것이다
침묵으로 흔들리는 잎잎도
새파랗게 질린 채 몸져누웠을 것이다
거침없이 타오르는 불길로
온몸에 멍이 들었을 것이다
그날의 기억을 허문 집에

혼자 남은 감나무는
다정한 할머니의 목소리를 기다리다
아직도 허기진 그리움을
베어내지 못했을 것이다.

온 세상 봄이 주저앉았다

불두화가 조등으로 걸렸다
할머니의 영정사진 앞에는
먼저 온 국화꽃이 조문을 하고 있었다
내 안에 눈물은 끝없는 강을 벗어 놓았다
길밖에 서성이는 빗소리는 요령소리로 울었다
온 세상, 세상 봄이 주저앉았다.

퉁 소

나는 간다
적막 속에서
가벼이 날아오르는 나비가 되어
몸짓이 되어
꽃밭으로 간다
이제
내 안에 상흔은 울음을 지우고
향기 속으로
임종하려는가.

겨울나무

손에 쥔 잎을 모두 내려놓고
울안에서 깨끗한 여백을 다듬는 나무
누군가가 버리고 간
사색의 뜰을 가꾸고 있다
속인만 자리 잡고 있다는 세상 속에는
그늘을 펼 수 없었는지
뜨거운 속을 꺼내 준 자리는
반듯하게 다듬어진 품 안이 있고
별이 옹이로 박혀 있다
하늘도 내려앉은 그 자리에서
나는 오래도록 서서
남은 여정을 내려놓기로 했다.

파안대소(破顔大笑)

거울을 본다
보이지 않는 시간의 손에
무작정 등 떠밀려 왔을 뿐인데
어느새 이마엔 기러기 한 쌍이 날아와
날개를 펴고 주름진 아코디언 소리를 낸다
젖은 하늘을 비틀어 짜면
파란 눈물이 쏟아질 듯한 어느 가을날
한 점 망설임도 없이 거울 속으로 들어 간 내 여자는
벽 속에 걸려 있던 열여섯 살을 탈탈 털며
이맛살에 깃 세운 감청색 교복을 입었다
나는 그 여자의 모습을 보고 거울 밖에서 파안대소 했다
지나가던 바람도 웃음보를 터트렸다.

재봉틀 앞에서

얼마나 더 세월을 넘겨야 맞을까
보풀이 하얗게 일은 해를 스무 번이나 잘랐지만
끝끝내 참지 못하는 울화는 불꽃이 되고 말았네
끊임없이 차오르는 속을 풀고 싶다가
녹슨 재봉틀 앞에 앉았네
행랑채에서 걸어 나오는 라디오소리를 박으며
바늘 끝에 찔린 비명을 잘라냈네
눈물이 풀리지 않도록
슬픔을 박음질 했네
먹구름이 지나간 하늘이 빨랫줄에 걸렸네

나 오늘 재봉틀 앞에 앉아
유행이 한참 지난 옷을 마름질 하듯
내 생각을 뒤집어 수선 했네.

달의 부화

간밤에 무슨 일이 있었던 걸까
만삭의 암탉 한 마리가 둥지 밖에서
비명을 산란 한다
새벽잠에서 깨어나
둥지 안을 들여다보니
어둠이 빛으로 깨어지며
달이 부화 하는 중이었다.

2.

진달래

저녁바다는
온통 진달래 꽃밭이다
내 시는 언제쯤 진달래꽃으로 필까.

그래서 나는 여자가 되었습니다

나는 울었습니다
햇솜 도톰히 넣은 아랫목 무명 홑청자락에
붉은 꽃 무더기 흠뻑 젖은 아랫도리를
훌훌 벗어 밀어놓은 내 여자를
볼 붉힌 작약 속에 숨겨 놓았기 때문입니다
그래서 나는 여자가 되었습니다

나는 밤이 새도록 울었습니다
이른 아침 이남박에 담긴 어둠을
쓱쓱 문질러 치대는 바람소리에
여승이 되기로 다짐한 내 여자를
깨끗이 접어놓지 못하고
빨랫줄에 널어놓았기 때문입니다
그래서 나는 집사람이 되었습니다.

그래서 나는 남자가 되었습니다

나는 이제 울지 않습니다
열여섯 살 적부터
꽃잎을 피우고 지우던 내 여자를
오십이 고여 있는 저녁강가에서
곱게 접어 수장했기 때문입니다

그래서 나는 남자가 되었습니다.

불립문자

새벽 산사 풍경소리를
한 두레박 길어 올려
온몸에 붓고 있는 나무들이
겨울잠에서 깨어나고 있다
가부좌를 틀고 앉아
묵언수행 중이던 잎잎이
일제히 눈을 뜨고 날아 오른다
노스님의 말씀에 눈을 씻고
마음을 다스려야 읽을 수 있는
불립문자들은
나무의 손끝에서 돋아나는
불경처럼 푸르다.

겨울 삽화 한 장

아무리 꽃을 피워도
채워지지 않는 허기였노라고
1월 목련이 겨울 정수리를 깁는다

바늘 끝 같은 바람 속에서도
봄에 놓을 꽃을 피울
뭉클한 먹 냄새를 피운다

그 소리를 새겨듣는 이 아무도 없는 동면 속
산자락을 들추면 헛잠 깬 물소리만이
아버지 사서삼경 읽는 소리로
징검다리를 건너올 뿐이다

내 시는 언제쯤 피어날까
아무리 꽃을 지워도 비워지지 않는 채움이었노라고
소리의 창을 닫은 난
1월 목련으로 하얀 붓끝을 세워 놓기로 했다.

바다는 도라지꽃밭

도라지꽃밭은 저녁 바다다

청남색 바다 한 허리 베어다가
둘둘 말아 베고
이슥해진 소쩍새 소리에
발을 담구고 있는
도라지 꽃밭은 밤바다다

뜨거운 여름 속살을 매만지던
빗소리로 내리는 대숲 해금소리 같은
너의 목소리가 일렁이는 날이면
밤바다는 도라지 꽃밭이다.

창문의 속내

단풍잎을 닦아주는 느개의 풍경을
창문이 가두어 놓았다
아픔도 아름답게 내려놓는
단풍잎의 뒷모습을 다독여주는
느개의 손길이 진홍이다
늦가을 풍경을 가두어 놓은
창문의 속내를 뒤늦게 읽었다
글썽이는 내 눈시울에서
붉은 비파소리가 떨어진다.

김기창 화백의 군작(群雀) 앞에서

소리가 들리지 않는
김기창 화백의 군작(群雀) 앞에 섰다
그는 소리를 손으로 만져 보았을까
눈으로 보았을까
수천마리의 참새 떼들이
일제히 아우성을 지르며
그림 밖으로 날아 오른다
나는 소리 내어
경전을 읽으며
그림 속으로 걸어 들어 간다
보이지 않는
묵언의 붓질소리를
눈으로 듣는
김기창 화백의 두 귀는 활짝 열렸다.

생강나무

아린 꽃샘바람 울음소리에
눈을 감고 있는 나무
온종일 그늘에 서서
그 누구를 기다리나
나는 한걸음도 내딛지 못하는 나무가 되어
한 그루의 생강나무가 되어
내 곁을 떠나간
바람을 내려놓지 못하고
노랗게 허기진 그리움을 틔우느라
온몸이 가렵다.

지기지우

친구에게서 해밀이 배달되었다
물속에 담긴 해밀을 꼭 짜 달빛으로 말린
흔적이 가지런히 개켜있었다

지기의 마음을 수틀에다 팽팽히 당겨놓고
추억을 한 땀 한 땀 깁는다

내가 바늘 끝에 찔릴 때마다
열두 폭 웃음가락을 길게 잘라
곱솔로 박음질해 주던 친구

마당 가득 내려앉은 초록별을 주워다가
무명실에 꿰어 올올이 타래로 감아주며
꿈까지 동그랗게 말아 매듭을 지어주었다

친구의 기억이 자락자락 박힌 채
내 안에서 따뜻하게 반짝이는 별 하나는
오늘도 무드셀라증후군을 앓고 있다.

아버지의 바다

파도이랑을 쟁기질하는
도라지꽃빛 가을바다에서
아버지 내면 뛰는 소리가 들린다
그 깊고 푸른 내면 색깔을 퍼 올려
내 빈 그릇에 담아 두었더니
가을 하늘도 내려와
푸른 손을 담그고 있다.

사진을 찍으러 간다

달짝지근한 봄이 기웃거리면
오이 코고무신을 신고
사진을 찍으러 갑니다
초록 물들고 있는 나무 앞에서
열반에 드는 오얏꽃 향기를 찍고
함께 울어주는 산새 울음소리도 찍습니다
너의 목소리도 찍힌 사진 속은
언제나 따뜻한 누리를 펼쳐놓는데
나는 연신 두 눈을 꼭 감고
봄을 지워내고 있습니다.

분홍향 시간들

내 안을 향기롭게 색칠해 주는
진달래꽃밭에서 걸어 나오는
바람의 발자국소리가 분홍색이다

갓 볶은 커피 향기가 나는 밤 빗소리에
푸르게 움 튼 색감 곱게 접어두었다가
봄바람이 그려놓은 수채화 속으로 뛰어 들었다

분홍향 음표를 찍어 나르는
바람의 붓끝에 핀 꽃들의
마음 안을 들춰보아도 향기롭기만 하다

봄빛 가득 쏟아낸 함박웃음 한 덩이씩을 굴리며
적막을 흔드는 산새 음색까지도
분홍색깔로 물이 들어버린 그림 속

맑은 잎새달*, 그 낮달이 화인(火印)으로 찍혀 있다.

*잎새달: 4월

적멸보궁에서

속세에 돌아 앉아 머리를 삭발한 나무가
겨울을 누빈 법의를 입고 있다

스님의 예불과 함께
동그랗게 떨어지는 독경소리로
나이테를 빚은 겨울나무에서
흰 눈 귀 씻는 소리가 난다

묵언 수행에 든 그의 길 앞엔
암흑을 깨우는 운판소리가 소복이 쌓여 있고
고무신을 닦아 신은 물소리가 목탁을 두드린다

나무 그림자를 밟고 산문 밖을 걸어 나오는
관세음보살 발자국소리가 축경(竺經)이다.

만고절창(萬古絶唱)

땅거미를 앞세우고
가뭇가뭇 기어 나오는 골안개가
오대산끝자락 눈썹을 지우며
웃비와 함께 내려온다
댓잎을 디디고 오던 빗소리는
국악기 소리를 득음하여 병창을 한다
빗소리를 접고 있던 매미는
판소리 한마당 「춘향가」를 열창하고
소리꾼 물소리는 「적벽가」를 완창하고 있다.
골안개가 자욱하게 피어오르는
오대산자락 한 폭의 시서화 속에 앉아
나는 명창들의 소리를 무료관람 했다.

대관령 옛길을 오르며

대관령 옛길을 가기로 했다
밤새 뜸을 폭 들인 고슬고슬한 새벽에
금방 찐 갓밝이를 둘둘 말아
도시락에 담았다
덤으로
속살 연한 설레임과
도톰한 함소 한 줄도 곁들였다
물소리를 밟으며 산을 오르는 길
산새소리를 끊어 꼭꼭 눌러 담고
막 잠에서 깨어난 젖내 나는
아린 봄 한 줌도 꺾어 담았다
우리들의 뒤에서
대관령옛길은 뒷짐을 짚고 연신 헛기침을 해댔다.

아버지의 주머니

가을 끝자락에서 인자하게 늙은 나무가
세상 속에 묻힌 때를 벗어 버리는 게 보인다

담담하게 햇살을 내려놓은 뒷모습을 보이며
삼계(三界)에 든 옷을 갈아입은 단풍잎들도
봄 가지에 매달려 칭얼대던 꽃잎들도
두엄으로 썩혀 제 몸 내어주던 나무들도
티베트의 라마승처럼 풍장에 들었다

하늘 문을 열고 길 떠나신 아버지 수의에는
그 무엇 하나 넣어 둘 주머니 하나 달려 있지 않았다.

대추나무 시집보내고 온 날

하얗게 마른 다듬이소리 가지에 앉아 긴 숨을 고르며
잠시 쉬었다 저녁연기 속으로
떠나 간 풍경 속에 혼자 서 있는 나무

아버지 헛기침 소리가 겹겹이 묻힌 빈터에서
가을의 붉은 기억을 흔들어 털어준다

녹슨 놋대야 깨지는 소리로 문이 열리는 기억은
흑백 사진 한 장 없는 친정집 한 채를 업고 나온다

나는 처마 끝에 몸져누운 내 유년의 그림자와
뼛속까지 저린 내력을 부둥켜안고 붉게 울었다

풋대추 후드득 떨어지는 가락으로 새파랗게 질린 터에서
아버지의 그림자를 안고 있는 나무

그 대추나무 가랑이 속으로 뿌리 깊은
돌 하나 얹어 놓아도 내 속에 이는 슬픔은 맵다.

3.

사랑은

사랑은

한 번 뿌리를 내리면

절대로 자리를 옮기지 않고

온몸이 다 시들 때까지

그 자리에서 목숨을 버리는 꽃이다.

개구리

바늘 땀 뜨는 소리 하나 없이
새벽까지 달을 꿰매는 하늘이
자꾸만 나를 불러냅니다

그리움을 촘촘히 기운 원피스를 입고
시간 밖까지 나가 서성거려 보아도
달은 보이지 않았습니다

파란 앞산 정수리까지 잠긴
칠흑의 밤을 더듬거리며
집으로 돌아온 다랑이에서는
비 냄새가 났습니다.

그리움의 무게는 얼마일까

겹 다홍 그리움을
까마득한 저울 위에
올려놓은 적이 있었어요
그런데 그 저울 위에는
아직도 눈금이 계속
올라가고 있었어요.

낙엽의 길

이른 봄 산사를 내려오는 길
이름 모를 꽃나무 그늘에
마른 낙엽들이 겹겹 쌓여 있다
제 몸을 썩혀야
꽃이 오래 머물고 간다며
뼈마디 시린 몸을 뒤척이며
썩어 주고 있었다
사람들은 금방 떨어질 꽃만 보느라고
그 누구도 낙엽이 가는 길을
눈여겨 보려하지 않았다
한번쯤은 마음의 키를 낮출 순 없었는지
무릎이 다 닳은 잔설만이
풍장에 든 낙엽을 거두고 있었다
낙엽들은 내게 남은 세월을 썩히는 법과
집으로 가는 길을 다시 일러 주었다

아무도 발길 내려놓지 않은
낙엽이 가는 길 위에
어머니 발자국소리가 오래도록 머물다 간다.

물감장수

오월 청매실빛 바람을 물고 있는 봄이
혀끝이 다디단 생각을 굴리며
스무 살 적 사진 속에서 걸어 나오네

긴 머리 땋아 내린 버드나무 앞에서
봄볕 속살에다 온몸 던진
들꽃의 자태가 부끄럽게 물이 들었네

향취를 꺼내 수줍게 닦아 내게 준
바람의 손끝이 파랗게 물든 봄날

연분홍 웃음소리 뜨겁게 벗어주던 기억은
금낭화 속보다 더 짙은 꽃물이 고여 있네

온 봄 들머리 끝까지 물을 들이며
사진 속에서 걸어 나온 나의 스무 살 길에는
물감장수가 앞장서서 걸어가고 있네.

초승달이 대숲에다 닻을 내려놓았다

댓잎이 사운거린다
초록웃음을 부챗살처럼 활짝 펼쳐놓고
다정한 손짓으로 푸른 대금소리를 불러들인다

마디마디에 빗장을 걸어 잠근
창백한 풀잎들의 흐린 눈을 닦아주며
내 속에 이는 슬픔도 다독이는 소리의 타래

올올이 풀어진 소리에 물을 들이며
그와 함께 걸어가는 길 위로
초승달은 대숲에다 닻을 내려놓았다.

햇살이 수를 놓고 있다

내 꿈을
담담하게 수로 놓다가
잠시 향호 해파랑길을 걸었다
뜻 모르게 등이 따갑다
햇살의 손끝에는 바늘이 있나보다

햇살도
촘촘한 바늘을 들고 나와
온 세상 들녘에다
내가 꿈꿀 수 없는 선계(仙界)를
수로 놓고 있나보다
보랏빛 내 봄을 완성하고 있나보다.

봄아 오너라

겨울아 가거라
풀린 신발끈 단단히 동여매고 가거라
뒤도 돌아보지 말고 가다가
깊은 산 속 북극성을 만나면 친구로 삼아라
비를 만나거든
달을 가두어 놓을
깊은 우물 하나 파 놓고 가거라

봄아 서둘러 오너라
질긴 코고무신 신고 오너라
달이 잠긴 강을 건너오다가
나룻배를 보면
하늘에서 주무시는 할머니를
흔들어 깨워 모시고 오너라.

사랑의 오감

사랑은
한겨울밤
청무 와사삭 한입 깨어 문 맛이다

사랑은
긴 가뭄 끝에
내리는 다디단 빗소리다

사랑은
언제나 제자리에서
꽃잎으로 살을 빚은 수밀도 내음이다

사랑은
상처를 내지 않으려고
제 스스로 몸을 다듬은 몽돌이다

사랑은
저녁이면 어김없이
우리들의 그림자를 꺼내기 위해
지금 막 얼굴을 씻고 나온 달이다.

어디 아프냐고

사람들이 자꾸만 내게 묻는다
어디 아프냐고

생각 안에서 피어난 생채기는 다시 우물을 파놓고
눈 속으로 고여 든다

수많은 날 밤하늘을 통째로 집어 삼켜도
잠들지 못했던 이유를 바람은 알까

뼈마디 단단히 세운 상처에 살을 붙여가며
아무리 몸을 일으켜 세워도
자꾸만 쓰러지는 내 안에 앓아누운 현기증

파랗게 날 세운 바늘이 촘촘히 박힌 수반 위에서
발을 내려놓지 못하고 창백하게 서 있다

붉음으로 자지러지는 매미소리와 함께 울었던
한여름 밤 나의 잠은 실종되고 말았다

사람들은 내게 자꾸만 묻는다
아직도 어디 아프냐고.

달

누군가, 댓돌 위에다
어스름을 벗어 놓고 갔어요
그 어스름을 쓸어 내며
절대로 뒷모습을 보이지 않는 달
눈이 침침한 우리들의 행간에
빛 빛이 만다라인
아침을 걸어 줍니다
달이 놓고 간 아침에
새들은 부리를 닦고
나는 거울을 닦았지요.

오죽헌 어제각 앞에서

눈을 감고 어제각 앞에 서면
율곡 이이 선생이
격몽요결 속에서 걸어 나오신다

새벽이슬처럼 담백한 선생의 상념 뒤에는
초충도 안에서 기어 나온 풀벌레들이
별 편지를 읽고 오죽바람들은 먹을 간다

글 읽는 소리 인자하게 내리는 빛 속에서
아낌없이 꺼내주시는 말씀 마디마다
뼈마디저린 깊은 강이 흐르고 있다.

연둣빛 바이올린소리

봄을 닦아야 꽃을 피워 올리는
유월 속으로 날아든 바이올린소리

소리를 닦는 바이올린 현에는
당신을 위해서라면 온몸으로
글썽이는 빗소리가 걸리고
청보리밭에서 건너 온 바람소리가 걸리고
개망초꽃 긴 수다도 걸렸다
보름달 살 붙는 소리도 걸린
바이올린소리에서
살구처럼 폭 익은 냄새가 났다.

초록 물들이기

다박머리 찰랑이는 오월를 업고
연둣빛 속을 첨벙거리는
유년의 집으로 나는 발길을 돌리네

청개구리소리 들락거리는
대청마루에다 내 그림자를 내려놓고
다정한 바람의 기침소리를 베고 누웠네

찔레꽃 향기가 해탈을 하는 푸른달* 속에 앉아
꿈꾸는 내 그림자 겨드랑이에는
새잎이 돋아나고 있네

온몸이 초록으로 물들고 있네.

*푸른달: 5월

가을은

가을은 언제 오시려나
한 음 낮춘 매미소리 한 소절 뭉텅 잘라다가
허물 속에 달아 놓느라고 못 오시나
처서만 지나면
눈을 감고 보아야만 볼 수 있는 그 가을은
기다림을 묻어 두었던 원두막에서
별 글 읽어 준다고 했는데
아직도 그 어디쯤에서
신발끈을 고쳐 매고 계시나.

씨 앗

자홍색 바람 한 잎에
소리 없이 떨어진 여문 씨앗은
선정에 든 와불이다
몸 안에 어진 잎만 여민 동안거에 들었다
꽃으로 피어있는 동안
나도 모르게 지은 죄는 없었는지
매무새를 가다듬으며
고백의 무덤 속으로 몸을 눕혔다
고요를 새긴다는 건
내 안에 나를 들여다본다는 거
나는 정적의 거울 속에 나를 비추어 본다
그물에 걸린 파도소리를 건져다가
꼬리를 자르기도 했고
등 푸른 바다의 비늘을 벗겨
온전히 집어 삼킨 적도 있었다

보이지 않는 내 안에 껍질을 벗고
잠에서 깨어나는 씨앗
허리를 꼿꼿이 세운 빗소리에
고요히 숨겨두었던 깨끗한 발을 꺼내고 있다.

새벽에

마당 턱밑에 앉은 참새가
새벽바람과 수다를 떱니다
귀를 막고 버티고 서 있는 창문 틈 사이로
몰래 부리를 밀고 들어와
이슥한 달빛을 뒤척이다 지새운
내 잠을 홀딱 꺼내갑니다.

4.

거문고소리

오동나무에 내리는 빗소리는
거문고소리
엉키지 않아 더 다정한
가락 가락을 골라
벽 하나 없는 우리들의 세상에다
연보랏빛의 소리가 되어
여섯 줄 가슴을 달아 놓았네.

소금의자
- 나무공방에서

누굴 위한 묵언수행인가
반듯하게 가다듬은 나이테의 흰 뼈를 다 드러내고도
휘어 틀어진 몸을 물속에 담구었다가
다시 말린 가문비나무
전생에 무슨 업이 쌓여있기에
이토록 옹이의 사리가 다 드러날 때까지
온몸을 다듬어내고도
가슴에다 못을 박는단 말인가
뼛속까지 다듬어
우리가 걸어가는 고샅으로
소금의자를 꺼내준 나무는 붓다다.

반달떡

재래시장에서 산 반달
노란색 가을 자락에 곱게 싸
길을 갑니다
달을 들고 갑니다
닻별도 데리고 갑니다
흠집 난 바람의 어둠 속에다
반달을 놓고 옵니다.

향기에 물을 들이다

물을 들인다
하늘연달* 노을꼭지에 매달려
물든 홑 치자의 진홍색 적멸
썩지 않는 향기를 마음 안에 곰삭혀 두었다가
올올이 풀어내는 뭉클한 색깔의 사리
나도 저 치자처럼 누군가에게 물들일 수 있을까
저렇게 아름답게 허물어질 수 있을까
내 몸 안에서 노을이 번진다
어머니가 벗어놓고 간 저녁노을
이제 비로소 아름다운 향기에
물을 들이는 치자의 생각을 읽었다.

*하늘연달: 10월

아버지

당신은 시 속에 핀 사람입니다

비움을 아는 순간부터 더 짙은
향기가 나는 꽃을 내 안에다 심어 놓은 사람

인자한 기와집 대청마루를 닦아놓고
흠집 난 허물을 다듬어 주던 사람

열쇠도 없이 꽃길을 열어 주는
한여름 목백일홍 속에 서 있는 사람

푸른색 나무 그늘을 접어다가
머리맡에 펴주며 말이 없던 사람

푸른 바다가 붙박이로 서 있는
아버지 속 갈피에는 내 시가 서 있습니다.

가을, 허난설헌 생가 터에서

영정 속 초희는 단풍잎이다
깊은 책갈피 속에 누운 마른 단풍잎
풍장에 든 손끝도 붉다

야윈 햇살 한 줌 옮겨다 놓고
파랗게 풀 먹인 잎을 지우는 여인의 이야기

가을이 펄럭거리는 문턱에 서서
옛일을 주섬주섬 풀어낸다

부챗살에서 쏟아지는 매미울음소리가
꽃 무덤을 이루는 배롱나무 속에 앉아
백일 동안 하염없이 붉은 글을 토해내다
곡자(哭子)의 아픔 속으로 떨어진 단풍잎

들머리까지 번진 잉걸불로
우리들의 메마른 가슴을 물들여 준다

단풍잎도 시를 빚는 초당 생가 터에 가면
아직도 서책 속에 단정히 앉아 먹을 가는 초희
생각의 집을 한 채씩 지어 나누어 준다.

적멸, 네 앞에 서려면

너의 가을꽃 이야기가
그대로 녹아 가라앉은 내 은둔의 적멸 속에
별꽃이 활짝 피어난다면
나 그때엔 머뭇거림 없이 네 앞에 다시 서리라

새벽 속살 들춰내고 온 범종소리로
부끄러웠던 어제의 기억을 내려놓는 나무가 되어
순백한 산사 겨울 풍경을 들어앉힌다면
나 그때엔 주저 없이 네 앞에 흰 눈 꺼내 놓으리라.

목련 붓

마음 열기 전 목련 봉오리에서는
매창의 수묵 붓 지나가는 소리가 들린다
묵향이 고여 있는 무향무색의 꽃잎에
목청을 닦던 우리들의 이야기가
목련꽃으로 피어나고 있다
그대의 말씀으로 하얗게 피어나고 있다.

아름다운 세상

깨어진 슬픔이 가득 고여 있는
이 빠진 뚝배기를 주워
마음 안을 닦아 주었다네
슬픔을 쏟아내고 닦아준 그릇에다
수중중생을 깨우는
운판소리 켜켜이 눌러 담아
풀씨의 집을 지어주었다네
푸른 생각이 웃자란 풀씨는
이 빠진 뚝배기 안에다
온몸으로 피운 꽃향기를
한 가마니나 탁발 했다네.

홍시의 빈 젖

곱게 늙은 겨울 감나무의 홍시가
까치에게 빈 젖을 물리고 있다
앞니 빠진 햇살도
눈썹 짙은 안개도
홍시의 빈 젖을 물고 있다
채송화처럼 키 작은 웃음이
다정히 둘러앉은
우리 집 마당 안에 들어서면
아직도 어머니가 빈 젖을 내어놓고
마냥 우리를 기다리고 있다.

낙 과

꽃잎의 비명을 지우고
너는 혼자 익어가고 있구나

별 뜨는 여울물
풀매미소리를 다듬이질하던
기억을 넘나드는 발자국에서
볼 붉힌 첼로소리가 난다

상처 깊은 풋사과 살 붙는 소리
무심히 내리는 내 등 위로
뜨거운 햇살이 발을 묶고 있다.

꽃으로 말을 한다

경포호숫가 벚나무들이
연홍빛 색깔로 말을 한다
묵언수행에 들었다가
꽃으로 말을 하는 벚나무 아래
너의 소리를 접어 두고 서 있으면
나도 꽃으로 필 수 있을까
상처 하나 주지 않는 호수에
꽃으로 피지 못한 말들이
물빛으로 고여 있다.

물푸레나무 이야기

소금강 물소리는
가을 하늘을 한 짐 베어다가 쌓는 소리다
그 소리에 나이테를 감은 나무

바람이 흔들어도 언제나 그 자리에서
올곧은 상념을 단단하게 키우며
가을 서첩을 뒤적이고 있다

남색 먹향 고여있는 물푸레나무에
오대산은 무시로 내려와 그림자의 지문을 찍고
산새들은 시도 때도 없이 휘모리장단을 놓고 간다

나는 이 숲에 들어와 물푸레나무처럼
온전한 뿌리 하나 내리지 못하고
쓸데없는 상념의 집만 짓고 있다.

달게 익어간다

내 가을은 썩은 시간은 도려내고
붉게 물든 속살만 엮어
처마 끝에 걸어 놓았다
햇살이 등을 돌린 그늘진 곳에서도
푸르렀던 여자의 색깔을 버리고
주름진 일상이 달게 익어가고 있다
감꽃저고리 곱게 입었던 나를 버리고
곶감처럼 익어가는 내 가을 냄새가 달다.

잠 못 이루는 밤

투망을 들고 기억을 건지러 간다
새벽하늘도 세들어 사는 우물물을 퍼다
매미소리가 등목을 하는 고향집으로 간다
잠 못 이루는 밤으로 엮은 투망 안에는
개구리소리가 조개바구니 째 와르르 쏟아지는 소리로
유월을 울컥 게워 놓았다
연두색소리가 허리까지 잠긴 우물에 발을 담그고
깨끗한 봄을 차곡차곡 쌓아 놓은 문을 연다
단발머리 찰랑이는 유년이 책 속에 앉아
어머니말씀을 고봉으로 퍼 담는다
유월의 서랍 속에 빗소리가 푸르다
바닥이 다 갈라진 허기를 채워도 채워지지 않는
빗속에서 나는 밤이 새도록 기억을 산란했다.

그릇

아침이 그릇을 문밖에 내다 놓았다
여문 햇살이 곰실거리는 오죽헌에서는
먹잠에서 깨어난 오죽들의 글 읽는 소리가 담기고
마음을 비운 가을빛으로 나이를 빚은
은행나무의 키 큰 꿈이 담긴다
바람의 발자국소리 자욱이 내리는 들길에서는
초록 음표를 찍어 나르며
봄볕에서 자맥질하는 풀잎들의 아우성이 담기고
맨발로 뛰어나오는 꽃의 내음새도 담긴다
향기로운 소리를 닦는 그릇 안에는
담백한 봄이 담기고
아침의 신발을 벗어준 달이 담긴다

이 봄이 다가도 나는 연두색 시간이 담긴 그릇을
오래도록 닦기로 했다.

수목장

지갑 속에 든 장손의 유서 한 장이
저녁노을 속으로 타들어 갈 때에
뿌리 하나 없는 종가는 허물어졌다
흙집을 지으러 가신다는 아버지는
맨발로 불가마 속으로 뛰어 드셨다
서슬 퍼런 작두에 여물 썰듯
인연을 끊는 철문이 닫히자
옴싹달싹 할 수 없는 나는
쇠창살 거미줄에 달라붙은 나비가 되어
아버지의 마지막 손을 놓치고 말았다
살 속 인연의 뼈까지 빻아 달라는
아버지 불타는 목소리가
화장장 굴뚝 위로 피어오르고 있었다
깊고 푸른 유골 항아리 속 아버지는
소나무 뿌리보다 더 깊은 곳에 흙집을 지으셨다

집안에 뿌리를 내릴 수 없다고
꽃가마를 태운 나는
저녁노을 쏟아낸 화병 속에 꽃으로 피어
아버지의 흙집 앞에 오래도록 앉아 있어야겠다.